Zweisprachiges Bildwörterbuch der Tiere für Kinder

Dvojezični slikovni slovar živali za otroke

Deutsch-Slowenisch/Slowene

Von Richard Carlson Jr.

Richard Carlson Jr.

Illustriert von Kevin Carlson

Ilustracije Kevin Carlson

© copyright 2017 Richard Carlson Jr.

Illustrations © copyright 2017 Kevin Carlson

All rights reserved.

Professional human translation by OneHourTranslation.com.

The author would like to thank the illustrator and translators for their help.

Kamel
Kamela

Nashorn

Nosorog

Giraffe
Žirafa

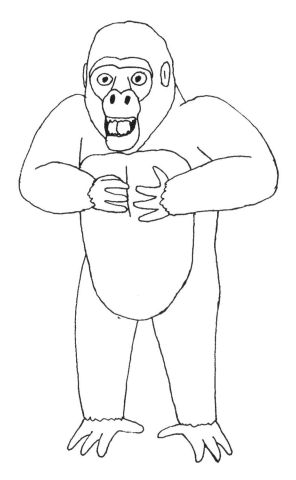

Gorilla

Gorila

Gepard

Gepard

Löwe

Lev

Affe

Opica

Zebra

Zebra

Elefant

Slon

Krokodil

Krokodil

Koalabär
Koala

Känguru

Kenguru

Fledermaus

Netopir

Bär

Medved

Biber

Bober

Luchs

Ameriški ris

Kojote

Kojot

Fuchs

Lisica

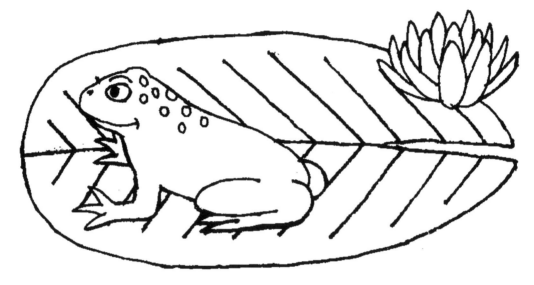

Frosch

Žaba

Falke

Sokol

Pferd

Konj

Pandabär
Panda

Eidechse

Kuščar

Opossum

Oposum

Pfau

Pav

Eule
Sova

Waschbär

Rakun

Rentier

Severni jelen

Stinktier

Dihur

Schlange
Kača

Kröte

Krastača

Truthahn

Puran

Geier

Jastreb

Krebs

Rak

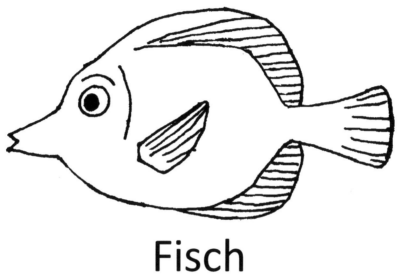

Fisch

Riba

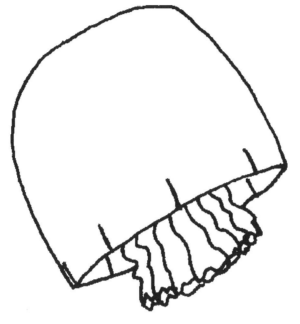

Qualle

Meduza

Tintenfisch

Hobotnica

Haifisch

Morski pes

Kalmar

Ligenj

Seestern

Morska zvezda

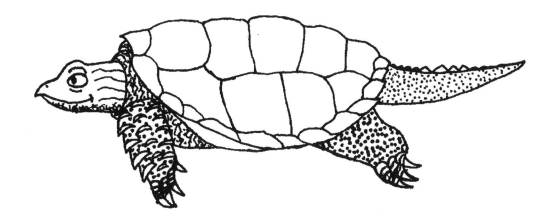

Wasserschildkröte

Želva

Katze

Mačka

Kätzchen Mucka

Hund

Pes

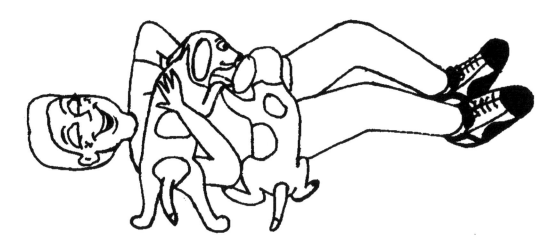

Hundewelpe

Psiček

Papagei

Papiga

Eichhörnchen

Veverica

Vogel
Ptica

Ente

Raca

Hahn

Petelin

Pony

Poni

Kaninchen

Zajec

Über das Buch: Lerne mit Hilfe dieses zweisprachigen Bildwörterbuches für Kinder mehr als fünfzig verschiedene Tiere kennen.

Über den Autor: Richard Carlson Jr. ist ein Autor zweisprachiger Kinderbücher. www.rich.center.

Über den Illustrator: Kevin Carlson ist Autist und liebt Kunst.

Printed in Poland
by Amazon Fulfillment
Poland Sp. z o.o., Wrocław